LE

P. CHARLES RAPINE

ANNALISTE CHALONNAIS

(1593-1648)

PAR M. LE CHANOINE LUCOT

ARCHIPRÈTRE DE CHALONS

MEMBRE TITULAIRE DE LA SOCIÉTÉ ACADÉMIQUE DE LA MARNE

CHALONS-SUR-MARNE

IMPRIMERIE T. MARTIN, PLACE DU MARCHÉ-AU-BLÉ, 50

1883.

LE P. CHARLES RAPINE

LE

P. CHARLES RAPINE

ANNALISTE CHALONNAIS

(1593-1648)

Par M. le Chanoine LUCOT

ARCHIPRÊTRE DE CHALONS

MEMBRE TITULAIRE DE LA SOCIÉTÉ ACADÉMIQUE DE LA MARNE

CHALONS-SUR-MARNE

IMPRIMERIE T. MARTIN, PLACE DU MARCHÉ-AU-BLÉ, 50

1885.

LE

P. CHARLES RAPINE

ANNALISTE CHALONNAIS

(1593-1648)

Un de nos plus anciens annalistes, le plus recherché peut-être, est le R. P. Rapine, récollet de la province de Paris, qui gouverna plusieurs années, en qualité de gardien, la maison de Châlons, dans les commencements de sa fondation. Son nom est presque ignoré aujourd'hui ; les érudits sont les seuls à le connaître. Cependant, Rapine fut parmi nos ancêtres un zélé propagateur du culte de saint Memmie ; il a fait sur notre apôtre un travail des plus suaves, que l'impression devrait bien nous rendre dans son charme premier. Il a réuni sur le diocèse de Châlons, dans ses Annales, des documents du plus haut intérêt et qu'il serait impossible aujourd'hui de trouver dans les dépôts publics, tant appauvris par la Révolution.

Dans la lettre qu'il envoyait à messire Henri Clausse, évêque et comte de Châlons, pour lui offrir les *Annales ecclésiastiques du diocèse de Châlons*, ce savant religieux lui disait : « Dans vos mains, cette histoire recevra sa sanctification et benediction pour estre agrece de tous ; c'est une histoire de recognoissance publique. »

Un motif semblable suffisait pour sauver de l'oubli le nom du P. Rapine et lui consacrer une notice. Hommage de reconnaissance pourrait-il être mieux placé ? Nul n'aima plus Châlons, nul ne s'occupa avec plus d'intérêt, avec un soin plus pieux de son histoire religieuse, je ne crains pas d'ajouter, avec autant de succès. Nous lui devons la conservation des glorieuses traditions de notre Eglise sur ses origines apostoliques, traditions que l'illustre Mgr Vialart de Herse rappelait dans leur intégrité en son bréviaire de 1665 (1), et que le jansénisme s'est efforcé de faire disparaître ; et s'il eût plu à Dieu d'enrôler Rapine dans la famille de saint Augustin, gardienne du tombeau de notre saint apôtre, comme il l'enrôla dans celle du grand Pauvre d'Assise, saint Memmie aurait dû à son zèle de retrouver plus tôt une demeure digne de lui. On a donc pensé qu'il n'était pas hors de propos de jeter quelque lumière sur la vie et les travaux d'un homme qui nous avait été si étroitement uni.

---

(1) *Brev. Catal.*, 1665, in festo S. Memmii, lect. 2 noct. ad matut.

1.

Le P. Charles Rapine était de Nevers (1). Il entra dans
l'ordre des Récollets en 1608 ; il n'avait alors que quinze ans.
Ce fut au Couvent de Paris qu'il prit l'habit religieux (2).
Il paraît, d'après l'ouvrage du P. Le Febvre, avoir été
un des premiers pères français de la réforme des Récollets,
dont le Couvent de Nevers devint le berceau pour la
France.

On sait que cette réforme fut la dixième dans l'ordre de
saint François, la rigueur primitive des observances fran-

---

(1) *Histoire chronologique de la Province des Récollets de Paris
sous le titre de S. Denys de France, depuis 1612 qu'elle fut érigée,
jusqu'en l'année. 1676*, par le P. Hyacinthe Le Febvre, père de la
Province des Récollets d'Artois..., provincial de la Province de Paris.
Paris, chez Denys Thierry, 1677, in-4°, « Ch. X : Des Chapitres et des
Congrégations annuelles, avec les noms des Provinciaux, Custodes,
etc. » Bibliothèque de la Ville. — Je recours très souvent à cet
important ouvrage, aussi bien qu'au beau travail du P. Gallemant,
indiqué plus bas.

(2) *Provincia Sancti Dionysii Fratrum minorum Recollectorum
in Galliâ à V. P. Placido Gallemant, ejusdem provinciæ diffini-
tore. — Catalauni, apud Henricum Geoffroy typographum*, 1649,
(*in 8°, p.* 52.

L'auteur fut Gardien du Couvent de Châlons, en 1638, 1639 et
1640 ; — le P. H. Le Febvre, en 1647 et 1648 : ils étaient donc
bien au courant, l'un et l'autre, de l'histoire de ce Couvent.

L'ouvrage du P. Gallemant est très rare : il est à la Bibliothèque
Nationale sous cette marque : 8° L d $\frac{24}{118}$

ciscaines, quant à la pauvreté, tendant toujours à s'affaiblir par le poids de la nature ; car *la nature humaine aime mieux*, selon le mot juste et naïf du P. Le Febvre, *se revestir que se dépouiller*. Quoiqu'elle eût pris naissance en Espagne dès 1484, cette réforme ne parut en France qu'en 1597. Henri IV en fut le puissant protecteur dans le royaume, et messire Cosme Clausse, évêque de Châlons, le propagateur ardent dans son diocèse. Par les soins de ce prélat et ses pieuses libéralités, nos religieux s'établissaient à Châlons et à Vitry dès les premiers temps (1). Malgré les requêtes et protestations réitérées des Cordeliers ou Observantins, religieux de la même famille franciscaine, qui les avaient précédés à Châlons depuis des siècles (2), les Récollets y arrivaient dès le 30 avril 1613 avec la permission du Conseil de ville et du gouverneur de Champagne, le duc de Nevers, qui les favorisait hautement (3) ; « l'évêque

---

(1) La fondation de Vitry est de 1624. Henri Clausse, successeur de Cosme Clausse, y contribua autant que lui. Louis XIII donna l'emplacement du Couvent. Cf. Rapine (Annales) et Le Febvre (Histoire de la Province). Du temps de Baugier, au commencement du 18ᵉ siècle, il y avait vingt-quatre religieux au Couvent de Vitry. — Voir aussi Rapine, *Hist. générale de l'origine et progrès des Récollets*, p. 720, et Province de S. Denis, du P. Gallemant.

(2) *Requestes des P. P. Cordeliers contre l'establissement des P. P. Récollets*, 1613 (Archives de la Marne, C. Récollets). — Cosme Clausse, écrivant au cardinal Arigonius, protecteur de l'ordre de S. François, pour lui demander que les Récollets prissent la place des Cordeliers à Châlons, appelait ces derniers : *Fratres de Observantiâ longe à suâ observantiâ, ut parùm dicam, remotissimi* (Copie d'une lettre escripte par Mgr de Chaalons, etc. Archives de la Marne, cart. Récollets).

(3) Permissions de l'Evêque et du Conseil de ville, du 26 avril 1613. Arch. de la Marne, cart. *Récollets*. — Copies de deux lettres du duc de Nevers aux gens du Roy à Chaalons et à *M. Lignage*, bailli de Chaalons ; de Charleville, 1613 et 1626. On y voit combien le gouverneur affectionnait les Récollets.

» prestant son hostel episcopal, dit le P. Rapine, pour
» servir de première demeure à nos religieux qu'il
» cherissoit comme ses enfants d'une cordiale et tendre
» affection, les nourrissoit de ses charitez et entretenoit de
» tout, comme leur père et protecteur, faisant de sa maison
» un couvent de Recollets (1). »

Cosme Clausse attendait beaucoup de leur exemple, de
leurs prédications et de leurs travaux : la propre réforme de
la discipline ecclésiastique en son diocèse, le renouvelle-
ment des mœurs publiques, le retour à l'Eglise des
hérétiques qui y foisonnaient, à Vitry surtout, où les
catholiques formaient la minorité des habitants (2). Telles
étaient les espérances qu'il fondait sur l'établissement des
Récollets dans son diocèse, et qu'il exposait, avec ses vues,
au cardinal Arigonius, protecteur à Rome de l'ordre tout
entier, Observantins et Récollets (3). Ses vues furent
approuvées par cette Eminence, et ses espérances réalisées.
Nous verrons bientôt comment notre P. Rapine y contribua
pour sa part.

Après être restés trois ans au palais épiscopal, les
Récollets obtinrent le 30 juin 1616, sur la recommandation
de Louis XIII et du prince Charles de Gonzague, gouverneur de Champagne, une demeure en propre, à
l'emplacement occupé depuis par le monastère des religieuses de Vinetz. Ils l'échangèrent, à cause de sa peti-
tesse, le 1er avril 1621, contre une plus commode, située

---

(1) *Annales ecclésiastiq.*, p. 484.

(2) *Hist. chronol. de la Province*, ch. XII : *de l'Etablissement des
couvents*, du P. Le Febvre, et *Province de S. Denis*, du P. Gallemant : *Couvent de Vitry*.

(3) *Copie de la lettre de Mgr de Chaalons au cardinal, en faveur
des Récollets* (latin) : Arch. de la Marne.

dans un autre endroit de la ville, « au haut de l'Estappe au vin (1). »

Les papiers de leur Couvent nous apprennent les libéralités dont ils furent aidés dans ces commencements pour la construction de leur maison. C'étaient les matériaux provenant de la démolition du château-fort de Mareuil-sur-Marne que le roi leur donnait, c'étaient des chênes que faisaient abattre, dans les forêts de Trois-Fontaines, de Haute-Fontaine, de Montier-en-Der et de Moiremont, les abbés commendataires de ces lieux, pour l'achèvement de leur Couvent (2). Ils n'y étaient pas encore entrés, que Mgr Henri Clausse, évêque d'Aure, coadjuteur de son oncle avec future succession, posait la première pierre de leur église, le 31 mai 1619 ; et la voyant achevée en 1628, le 2 juillet, ils la faisaient consacrer solennellement par ce même prélat, sous le titre de leur séraphique père saint François d'Assise (3), avec les deux chapelles qu'on y voit encore, l'une dédiée à Notre-Dame des Anges, l'autre à saint Nicolas, évêque de Myre (4).

Cette maison qui, d'abord, ne devait recevoir que dix à

---

(1) *Histoire chronolog.*, ch. XII, et Province de S. Denis, par le P. Gallemant, *p. 149*. — Acquets divers. *Archives de la Marne.*

(2) *Requestes des Recollets au Roy et aux abbés, et Réponses ; Lettres patentes du Roy.* (1617-1619). — Le don royal des matériaux de Mareuil est du 10 janvier 1617 ; le 21 novembre 1616, l'ordre avait été donné par Louis XIII de démolir ce château. (Archives.)

(3) *Hist. chronol.*, chap. VII, et Province de S. Denis, par le P. Gallemant, p. 150. — Inscription latine de la première pierre posée au fondement de l'église du Couvent. *Archives.* — V. aussi en l'église du Couvent la pierre tumulaire de Pierre de Chastillon, syndic des Récollets.

(4) Province de S. Denis, du P. Gallemant, p. 150.

douze religieux au plus, en comptait vingt-cinq en 1631 (1).
On jugea à propos, dans la suite, d'en ramener le
personnel au chiffre de sa fondation : le P. Gallemant
signale onze religieux et quatre frères lais en 1649 (2).

Son importance dans la province de l'ordre nous est
marquée par sa destination : elle était une des quatre
où l'on enseignait la théologie, et de bonne heure elle
eut un noviciat (3).

---

(1) *Contract des Récollets avec la Ville, 1615. Archives, Cart. Récollets. — Histoire générale de l'origine et progrès des Frères mineurs de S. François, vulgairement appelés Récollets*, par le P. C. Rapine, provincial des Récollets de Paris, chez Sonnius. Paris, 1631, in-4°, p. 720. (Bibl. de la Ville)

(2) Gallemant, p. 152.

(3) Dès 1626, ils avaient un noviciat ou collège pour l'instruction des novices. *Ordre de MM. du Conseil de Ville pour le règlement du nombre des religieux Récollets*, du 31 juillet 1626. Arch. de la Marne. — *Histoire chronol. des Récollets*, p. 104-106, et Gallemant, *Provincia S. Dionysii etc. : Conventus Catalaunensis*.

II

Ce fut là, dans cette retraite occupée aujourd'hui par les religieuses de la Congrégation de Notre-Dame, que le R. P. Rapine passa plusieurs années de sa vie. Il y était dès 1623, peut-être même auparavant. L'ouvrage qu'il terminait en 1624, la *Vie de S. Memmie*, montre un homme fort entendu dans la connaissance de l'histoire locale ; il y parle de ses prédications en ville, comme le ferait un religieux déjà bien établi (1). C'est lui-même qui, dans la signature de son livre, nous apprend son emploi au Couvent : il y était « lecteur en la sacrée théologie », c'est-à-dire qu'il enseignait cette science aux jeunes gens destinés à y entrer. Son mérite l'éleva bientôt à la première charge de la maison, aux plus grands emplois de la province.

En 1625 et 1626, je le vois gardien, c'est-à-dire supérieur du Couvent de Châlons (2). Il l'est à Montargis en 1627 et 1628. C'est de là qu'il est tiré, au cinquième chapitre provincial célébré à Paris le 12 mai 1629, pour devenir provincial de la province de saint Denis en France ; et, circonstance très-honorable pour lui, il est élu au premier scrutin (3).

Au sixième chapitre provincial tenu à Montargis le 5 juin 1632, à l'expiration de son trienne de provincial, la

---

(1) *Vie de S. Memje*, épistre à Mgr Henri Clausse.

(2) *Hist. chronol. des Récollets*, ch. X, et Gallemant, p. 151.

(3) Ibid.

seconde charge de la province lui est assignée : il est nommé custode. La fonction de custode ne l'empêchait point d'être en même temps gardien du Couvent de Paris ; il réunissait ces deux charges en 1635, comme on le voit au titre des Annales ecclésiastiques publiées alors, et dans les Approbations placées en tête de l'ouvrage. Il est encore élu custode au huitième chapitre provincial de Paris, le 1er mai 1638.

Dans la Congrégation nationale réunie en 1640 au Couvent de Nevers, notre religieux figure comme père de la province de Paris, custode et secrétaire de la Congrégation.

Il est encore élu custode dans le dixième chapitre provincial tenu au Couvent de Paris en 1643 (1).

Notons enfin les deux triennes qu'il fit à Paris comme gardien de ce Couvent célèbre, le premier de 1635 à 1637, le second de 1641 à 1643 (2). C'est la dernière fois qu'il est question du P. Rapine dans l'histoire de sa province. Il touchait déjà à la récompense que Dieu réservait à ce bon serviteur.

Ces emplois considérables, dont l'honora la confiance de ses frères, suffiraient à démontrer le mérite de notre vieil annaliste. Ces titres ne sont cependant point les seuls par lesquels il se recommande à la postérité, ou plutôt ils supposent tous les autres.

Les Récollets étaient prédicateurs, comme tous les religieux de l'ordre de saint François, de qui il est écrit : *Hic prædicando circuit.* Le saint homme savait admirablement prêcher, même en se taisant, par son recueillement tout

---

(1) *Hist. chronol. des Récollets*, ch. X. : Des chapitres et des congrégations annuelles, avec le nom des provinciaux, custodes et définiteurs.

(2) *Ibid.*, Ch. XII : De l'établissement des Couvents, avec les noms des gardiens. Maison de Paris.

céleste. Rapine, son disciple, prêchait encore autrement. Il nous raconte, avec une simplicité pleine de grâce, que Mgr Henri Clausse, alors coadjuteur de Mgr son oncle, se dérangea pendant tout le Carême et l'Avent de 1623, pour suivre ses prédications. Il prêchait en une église éloignée du palais épiscopal, à Notre-Dame ; et le discours qu'il nous a laissé, pour ne parler que de celui-là, sur la translation des reliques de saint Memmie faite en mars 1624, n'est certes pas de nature à infirmer les préférences marquées de l'évêque : ce morceau fait autant d'honneur à la science de l'antiquité ecclésiastique et profane du P. Rapine qu'à sa profonde piété (1). Châlons ne fut pas la seule ville qui courut à ses sermons. Il prêcha plusieurs Avents et Carêmes à Paris, un Avent à Saint-Paul, un Carême à Saint-Nicolas, un Carême à Saint-Leu-Saint-Gilles. La province l'appela à son tour : il donna un Avent et un Carême dans la cathédrale de Metz, autant en celles de Verdun et de Nevers ; Langres l'entendit pendant deux Avents et deux Carêmes (2).

Tant de travaux, qui eussent rempli bien d'autres existences en les consumant, lui semblaient insuffisants ; son zèle de la gloire de Dieu et du salut des âmes n'était pas satisfait : il croyait que rien n'était fait, dès-là qu'il restait encore à faire. « Il n'y a poinct de nuict au chrestien pour

______

(1) *Sermon presché en la cérémonie de l'ostension des corps des bienheureux S. Memje, S. Donatian, etc., le quatrième dimanche de Caresme en 1624, présent Mgr Henry Clausse ;* il est à la suite de la *Vie de S. Memje.* — Ce fut dans cette circonstance que Mgr Henri Clausse donna une preuve manifeste de sa vénération pour nos saints ; il porta sur ses épaules avec ses archidiacres la chasse qui renfermait les reliques de saint Memmie et de sainte Pome. (Rapine, *Vie de S. Memje :* « Epistre et descouverte du corps de Saint Memje ».)

(2) *Hist. chronol. des Récollets,* « Liste des prédicateurs de la Province. »

son repos autre que la mort, disait le P. Rapine, ni de sabbat pour mettre fin à son travail, sinon le sabbat de l'éternité... La vertu ressemble à cette tant renommée Peneloppe, laquelle n'achevoit sa toille, ains y travailloit jusques à l'infini (1). » Dans ces lignes Rapine s'est révélé, sans le savoir, et tel qu'il a été. Le P. Gallemant, son contemporain, a résumé en trois mots la vie active de ce bon religieux : Etudier, écrire et prêcher. Il était toujours occupé. Esprit fin et pénétrant, éloquence peu commune, zèle infatigable dans l'accomplissement des devoirs pastoraux qu'il partageait avec les curés, il possédait toutes les qualités qui font l'apôtre et le savant.

Sur la fin de sa vie, sentant les forces lui échapper, il se consacra aux œuvres les plus modestes. Ainsi avait fait le bienheureux Pierre Fourier aux heures de sa vieillesse, dans son exil à Gray. A la ville et à la campagne, Rapine réunissait autour de lui les petits enfants et les villageois ignorants, pour leur apprendre les éléments de la doctrine chrétienne. Il entendait les confessions de ces pauvres gens dans un esprit de patience et avec une ferveur vraiment apostolique. C'est dans ces humbles travaux qu'il se laissa surprendre par la mort. Il était à Farcheville (*Farchevillœ*, écrit Gallemant), au cours d'une mission qu'il menait vaillamment comme toujours, quand il fut atteint du mal qui devait l'emporter. C'était le jour de l'Immaculée Conception de la Sainte-Vierge, jour que les enfants de saint François ont toujours singulièrement honoré. En descendant de chaire, il prit froid, et mourut d'une péripneumonie, peu de jours après, le 14 décembre 1648, au milieu de ce peuple, objet des derniers efforts de son ardeur évangélique (2).

---

(1) *Discours de la vie de S. Memje*, ch. 14, sur la fin.

(2) Gallemant, *Provincia S. Dionysii Recollectorum in Galliâ*, p. 32.

III.

Au milieu de ces travaux sans nombre, il sut écrire des ouvrages qui sont des monuments de sa science et le fruit de ses persévérantes recherches. Aussi l'Histoire de sa Province lui donne-t-elle un rang distingué parmi les écrivains récollets. « Le R. P. Rapine, y lisons-nous, a été doué d'une science singulière ; il était infatigable dans les études, nonobstant les occupations de sa charge, dans lesquelles il savait encore trouver le temps de composer et de prêcher avec un succès merveilleux (1). »

Elle nomme aussi ses ouvrages : « Un traité appelé *Nucleus Philosophiæ*, — une très-docte paraphrase sur toutes les épistres de S. Paul, avec une excellente Isagogie pour l'intelligence de la doctrine de ce saint apôtre, — une paraphrase sur les cinquante premiers psaumes de David, en latin et en français, — plusieurs livres de dévotion, en l'une et l'autre langues, et l'Histoire générale de l'origine et progrez de la réforme des Récollets dans la France et dans les royaumes étrangers. » Ce dernier ouvrage parut à Paris en 1631. Nous avons déjà eu occasion de le citer.

De tous les ouvrages du P. Rapine, ceux qui intéressent le plus directement la Champagne paraissent avoir échappé au P. Le Febvre. C'est d'abord la Vie de saint Memmie, terminée en 1624, et publiée l'année suivante sous ce titre : « Discours de la vie, mort et miracles de saint Memje, apostre et premier evesque de Chaalons en Champagne,

---

(1) *Hist. chronol. de la Province*, chap. XX : « Des religieux de la Province illustres en mérites. » — V. aussi Gallemant, p. 50.

par le R. P. Charles Rapine, etc., à Chaalons, chez Germain Nobily, 1625. »

Une autre histoire de saint Memmie, récit exact, mais trop sommaire, avait précédé de quelques années l'œuvre du P. Rapine. Cette histoire comprend 79 feuillets et se trouve, en unique exemplaire peut-être, à la Bibliothèque Nationale de Paris, sous la marque : 8º L n $\frac{17}{13970}$, et avec ce titre : « Hystoire de la vie et miracles de Monsieur Sainct « Menge, premier evesque et patron de la ville de Chaalons « en Champagne, lequel y porta la foi, — Extraicte et « colligée des autheurs citez en la page seconde. — A « Chaalons, chez Julien Griffard, imprimeur du Roy, « demourant à l'hostel de ville, MVIᶜ XI (1). » L'auteur s'appelait F. F. Boulangier. C'est la première œuvre française que je connaisse à l'honneur de notre saint. Mais combien Rapine est supérieur à Boulangier dans l'œuvre qui nous occupe !

Cette Vie lui avait été demandée par le P. Nicolas L'Estrillart, prieur claustral de l'abbaye de Saint-Memmie, de l'ordre de saint Augustin ; l'évêque lui-même avait joint ses instances. Tous les documents de ce célèbre monastère de chanoines réguliers avaient été mis par eux à la disposition du P. Rapine (2). Il coordonna ses recherches et les revêtit de cette forme onctueuse et pleine de grâce qui rappelle à plus d'un endroit de son livre le style de saint

---

(1) Des séquences et des hymnes anciennes à la gloire de saint Memmie suivent le travail de Boulangier ; ainsi a-t-il contribué à sauver de l'oubli de curieux monuments de notre ancienne liturgie.

Selon la mode de l'époque, il a placé un quatrain, au verso du frontispice de son livre. Ce quatrain, le voici :

> « Ceux qui poussez d'envie font estat de reprendre,
> « Avant que condamner ce livre que j'ay faict,
> « Sçachent qu'humain ne fit jamais rien de parfaict,
> « Et qu'assez bien escript cil qui se faict entendre. »

(2) *Vie de S. Memje*, fin.

François de Sales. Quand Rapine accuse *son style d'estre aspre et mal poly comme l'habit religieux qu'il porte*, quand il se refuse de louer au long les évêques qu'il a connus, *de peur que la rudesse de son style ne fasse tort à leur gloire* (1), il faut voir là un simple témoignage de sa profonde humilité. Autrement, son livre n'eût pas eu près de nos pères le succès qu'avouent même les Bollandistes dans les *Acta Sanctorum* (2). La manière de Rapine est oratoire, il est vrai, mais il est toujours naturel et sait rester attachant depuis la première page jusqu'à la dernière. On lui pardonne volontiers l'abondance de ses réflexions toujours bien placées, à cause même de leur à-propos et de leur tour simple et pénétrant. Si l'on veut connaître et aimer notre saint Memmie, c'est dans l'ouvrage du P. Rapine qu'il faut aller l'étudier.

Aussi le dessein qu'avait eu M. Martin, curé de Saint-Memmie, de rééditer ce livre ne pouvait qu'être bien accueilli de tous : ce dessein empruntait une opportunité particulière aux circonstances dans lesquelles nous nous trouvions quand il l'entreprit. C'était en 1870. Il s'agissait déjà de relever l'église monumentale de saint Memmie, démolie depuis trois siècles, en 1543, quand on mit la ville en état de défense contre Charles-Quint. Si le peuple ne connaît son patron, se disait judicieusement M. Martin, comment l'honorera-t-il ? L'initiation à la connaissance de sa vie est la plus sûre préparation à la reconstruction de son sanctuaire. Le pieux éditeur demanda donc au P. Rapine de faire revivre les traits de ce saint qu'il avait

---

(1) *Vie de S. Memje*, Epistre. — Annales ecclésiast. de Chaalons; Episcopat de Cosme Clausse.

(2) *Acta Sanctorum*, V. August., *De S. Memmio Comment. prævius*, § 1. Le livre du P. Rapine est ainsi désigné : *Vitæ gallicæ quæ omnium manibus teritur*, « Sa vie en français, qui est dans toutes les mains. »

suffi à nos pères de connaître pour l'aimer d'un très-grand amour. Le P. Rapine est ainsi rentré dans la famille pour y faire aimer notre saint apôtre, et la restauration de l'église de saint Memmie fut la conséquence naturelle de la restauration de son culte. Les amis de la vieille littérature purent seulement regretter les retouches imposées par M. Martin à la langue du P. Rapine : l'éditeur crut devoir rajeunir l'orthographe et le style du vieil écrivain pour en faciliter la lecture à tous.

L'autre ouvrage du P. Rapine, dont il nous reste à parler, est en germe dans le catalogue des évêques qui accompagne la Vie de saint Memmie. Rapine l'a intitulé : « Annales ecclésiastiques du diocèse de Chaalons en Champagne par la succession des evesques de cette Eglise, comtes de Chaalons et pairs de France, etc. » Il l'avait préparé à Châlons ; mais, obligé par l'obéissance de changer de résidence, il y mit la dernière main à Paris, où il le publia chez Sonnius en 1636, étant gardien du Couvent de cette grande ville. Comme il l'avait fait pour la Vie de saint Memmie, Rapine indique soigneusement, en tête de son livre, les sources dont il s'est inspiré. La bibliothèque de l'évêque l'avait puissamment secondé. Heureux de l'accueil fait au premier ouvrage, le prélat l'avait prié d'en donner la suite, en déroulant la chaîne des évêques de Châlons, dont saint Memmie forme le premier anneau. Le pieux récollet en tire occasion de faire de messire Henri Clausse le plus bel éloge :

« C'est avec obligation et raison que je vous offre cette histoire de vos prédécesseurs. C'est un fruict de l'obeissance que j'ai voüée a vostre bienveillance, et que je dois à vos bienfaits. Je l'ay entrepris il y a dix ans, parce que vous me le commandastes, sans avoir peu pour divers empeschemens domestiques, outre l'employ ordinaire des prédications, le repasser avant ces jours derniers. Je l'ay commencé vivant de vos aumosnes, me servant des livres de vostre bibliotheque, et de quelques mémoires de vostre cabinet.

» C'est l'image de quatre-vingt-et-cinq evesques, desquels tous la main de Dieu, prodigue en vostre endroit, a choisy les plus rares perfections de nature et de grace, pour vous en rendre le depositaire, et les faire tous revivre en vous, comme au legitime successeur de leur caractere, de leur zèle, de leurs vertus et de leur sainteté ; vous pouvez, lisant cette histoire, dire avec S. Paul : *Abundantius omnibus laboravi*. Vostre travail, depuis treize ans que j'ay eu l'honneur d'en estre le spectateur et admirateur, surabonde.... La Cour ne vous voit point et vous admire. Vous estes la lumiere de vostre Eglise, qui n'en sortez non plus que le soleil de son zodiaque, vivifiant tout par les douces influences de vos visites, de vos exemples et de vos charitez (1). »

----

(1) *Annales de Rapine*, Epistre.

IV.

J'ai montré le religieux honoré, instruit, savant; je
veux, en terminant, arrêter mes regards sur un titre de
beaucoup meilleur, sur le fleuron de sa couronne qu'il
prisait par-dessus tous les autres. Rapine était, comme il
a été dit déjà, un saint religieux. La piété laisse une em-
preinte toute particulière aux paroles, aux œuvres, à l'ex-
térieur des saints. Un saint ne tient en rien du vulgaire
dans les choses les plus communes ; les peuples ne s'y
trompent pas. Il n'y a qu'à lire quelques pages du P. Rapine, si l'on a la bonne fortune de rencontrer ses livres, si
rares aujourd'hui, pour juger de sa haute piété. Rien ne
lui aura donc manqué de ce qui élève l'homme devant
Dieu et devant ses semblables, ni la sainteté, ni la science,
ni la considération, et ce sera un éternel honneur pour
nous d'avoir eu comme historien de notre apôtre saint Memmie, comme annaliste de notre diocèse, l'humble enfant
de saint François.

Châlons, imp. T. Martin.

23.

DU MÊME AUTEUR :

Vie de la vénérable mère Agnès de Jésus, Prieure du Monastère de Langeac, ordre de S. Dominique. — Nouvelle édition, considérablement augmentée d'après les manuscrits, avec gravures. — 2 vol. in-8°, Paris, Poussielgue, 1863.

Idée générale des Verrières absidales et description des deux verrières de Zachée et des Trois Baptêmes (Église de Notre-Dame en-Vaux de Châlons). — In-8°, Châlons, T. Martin, 1873.

Récit de la Fête religieuse et nationale célébrée a Mattaincourt et a Mirecourt, le 20 juillet 1873, en l'honneur du B. Pierre Fourier. — In-8°, Châlons, T. Martin, 1873.

Quelques mots sur Godefroi de Bouillon et le Concile de Clermont, à propos d'un livre de M. Vétault, archiviste de la Marne. — In-8°, Châlons, T. Martin, 1874.

Saint Joseph : Etude historique sur son culte, — premier Office en son honneur, etc., — publié avec variantes, notes et traduction, sur des documents des XV° et XVI° siècles. — Joli vol. in-18, Paris, Plon, 1875.

Sainte Hélène, mère de l'Empereur Constantin : sa Vie, son Culte en Champagne, son Suaire à Châlons, son Corps à Paris, d'après des documents inédits.— — In-8°, avec planches, Paris, Plon, 1876.

L'Abbaye de Notre-Dame de Boulancourt et le Monastère du Lieu-des-Dames, ordre de Cîteaux, en Champagne. — In-8°, Châlons, T. Martin, 1877.

Le Monastère de Notre-Dame d'Igny, ordre de Cîteaux, au diocèse de Reims, 1126-1876. — In-8°, Châlons, T. Martin, 1877.

La Vierge de Boulancourt, statue de bois sculpté conservée en l'église de Montier-en-Der, avec la photographie de ladite Vierge. — In-8°, Châlons, T. Martin, 1879.

Fêtes religieuses de Saint-Memmie. — 5 août 1879, Consécration de l'Eglise et Translation des Reliques, etc., avec deux planches.— In-8°, Châlons, T. Martin, 1879.

Jeanne d'Arc en Champagne.—Note inédite d'un contemporain de la Pucelle sur la campagne du Sacre, avec quelques éclaircissements sur cette Note. — In-8°, Châlons, F. Thouille, 1880.

La Procession des Chasses a Chalons. — Origine, Caractère et Cérémonial de cette Procession, d'après les documents des XII°-XVIII° siècles, publiés pour la première fois, avec chromolithographie. — In-8°, Châlons, T. Martin, 1881.

L'Eglise de Binson (Marne) et sainte Posenne, d'après une inscription du XI° siècle et d'autres documents inédits, avec une planche. — In-8°, Châlons, F. Thouille, 1882.

Le Pape saint Urbain II et son monument a Chatillon-sur-Marne. —In-8°, Châlons, F. Thouille, 1882.

Les Verrières de la Chapelle du Petit-Séminaire (Vitraux des transepts et du portail). — In-8°, Châlons, T. Martin, 1883.

Soeur Thérèse Viollet, ancienne Supérieure des Filles de la Charité de la paroisse Saint-Etienné (Cathédrale). — In-8°, Châlons, T. Martin, 1883.

Châlons, imp. T. Martin.